한국을 빛낸 **100명**의 위인들

하루 한장

어록·키워드
손글씨
연습장

글 어린이독서사랑연구회

엠앤키즈

하루 한 장 어록·키워드 손글씨 연습장

초판 1쇄 인쇄 2022년 4월 5일
초판 1쇄 발행 2022년 4월 11일

글 어린이독서사랑연구회

펴낸곳 M&K
펴낸이 구모니카
마케팅 신진섭
등록 제7-292호 2005년 1월 13일
주소 경기도 고양시 일산서구 고양대로 255번길 45, 903동 1503호(대화동, 대화마을)
전화 02-323-4610
팩스 0303-3130-4610
E-mail sjs4948@hanmail.net
Blog http://blog.daum.net/mnk

ISBN 979-11-91527-35-3

KOMCA 승인필

※ 값은 뒤표지에 있습니다. 잘못된 책은 바꾸어 드립니다.

목차

1절 따라 쓰기
단군왕검, 동명왕, 온조왕, 박혁거세, 광개토대왕,
이사부, 백결 선생, 의자왕, 계백, 관창

2절 따라 쓰기
김유신, 문무왕, 원효 대사, 혜초, 장보고, 대조영, 강감찬,
서희, 정중부, 최무선, 죽림칠현, 김부식, 지눌, 의천,
이종무, 정몽주, 문익점, 최충, 일연

3절 따라 쓰기
최영 장군, 황희 정승, 맹사성, 장영실, 신숙주, 한명회,
율곡, 퇴계, 신사임당, 곽재우와 조헌, 김시민, 이순신,
태정태세문단세, 사육신과 생육신, 논개, 권율

4절 따라 쓰기
홍길동, 임꺽정, 삼학사, 박문수, 한석봉, 김홍도, 김삿갓,
김정호, 영조, 정조, 정약용, 전봉준, 김대건, 황진이,
홍경래, 김옥균, 애국자 안중근, 매국노 이완용

5절 따라 쓰기
윤동주, 지석영, 손병희, 유관순, 안창호
방정환, 이수일과 심순애, 김두한, 이상, 이중섭

글씨 쓰기는 모든 공부의 첫걸음입니다.

세상에는 제각기 다른 얼굴이 있듯이 글씨 또한 모양새가 다릅니다.

글씨는 남들이 보기에 이쁘거나 혹은 반듯하거나 물론 글씨체가 이쁘고 반듯하면 훨씬 좋겠지요.

한 글자 한 글자에 정성을 들여 쓰면 읽기와 집중력 향상에 도움이 되고 숨은 능력을 이끌어 내는 힘도 길러집니다.

이 책에서는 읽고, 쓰고, 생각하며 탄탄한 어휘력을 학습할 수 있어요.

역사도 배우고 글씨도 연습하며

이 책에서는 단군 할아버지부터 시작해서 삼국 통일한 문무왕, 발해를 세운 대조영, 백전백승 이순신, 황소 그림 이중섭 등 노래 1절에서 5절까지 있는 위인들을 소개하였어요.

또한, 위인들의 업적 및 키워드, 어록을 통해 역사도 배우고 예쁜 손글씨도 연습할 수 있어요. 정성을 들여 쓰다 보면 어느새 자신도 모르게 역사 상식도 알게 되고 예쁜 글씨체를 가지게 될 거예요.

바른 자세를 만들어요! (오른손잡이 기준)

먼저 연필을 엄지와 검지로 모아 쥐어 주세요.
그리고 가볍게 가운뎃손가락으로 연필을 받치고
연필 끝에서 2~3센치 떨어진 곳을 잡아 주세요.
이때 연필의 기울기는 60~70도 사이로 잡아 주세요.

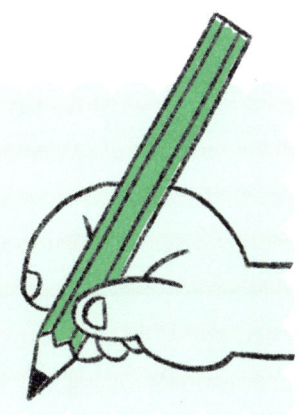

❶ 허리를 곧게 편다.
❷ 얼굴이 종이에 너무 가까워지지 않도록 한다.
❸ 왼손의 손바닥은 종이를 가볍게 눌러 잡아 준다.
❹ 오른쪽 팔꿈치를 책상에 올리지 않고 글씨 연습을 한다.

준비 됐지?

 **1절** 한국을 빛낸 100명의 위인들 1절을 배워 보아요.

단군왕검, 동명왕,
온조왕, 박혁거세,
광개토대왕, 이사부,
백결선생, 의자왕,
계백, 관창

아름다운 이 땅에 금수강산에
단군 할아버지가 터 잡으시고
홍익인간 뜻으로 나라 세우니
대대손손 훌륭한 인물도 많아
고구려 세운 동명왕 백제 온조왕
알에서 나온 혁거세
만주벌판 달려라 광개토대왕
신라 장군 이사부
백결 선생 떡방아 삼천궁녀 의자왕
황산벌의 계백 맞서 싸운 관창
역사는 흐른다

읽으면서 바르게 따라 써 보아요.

1절 따라 쓰기

단군왕검, 동명왕,
온조왕, 박혁거세,
광개토대왕, 이사부,
백결선생, 의자왕,
계백, 관창

아름다운 이 땅에 금수강산에
단군 할아버지가 터 잡으시고
홍익인간 뜻으로 나라 세우니
대대손손 훌륭한 인물도 많아
고구려 세운 동명왕 백제 온조왕
알에서 나온 혁거세
만주벌판 달려라 광개토대왕
신라 장군 이사부
백결 선생 떡방아 삼천궁녀 의자왕
황산벌의 계백 맞서 싸운 관창
역사는 흐른다

1. 읽으면서 바르게 따라 써 보아요.

홍익인간 단군왕검

시대 고조선

출생~사망 ?~?

업적 널리 세상을 이롭게 한다는 홍익인간의 정신으로 우리나라 최초의 국가 고조선을 세움

키워드 하늘의 신 환인, 환인의 아들 환웅,
곰에서 여자로 태어난 웅녀. 웅녀의 아들 단군

환인 널리 인간을 이롭게 하라(홍익인간)

환웅 동굴 속에서 쑥과 마늘을 100일 동안 먹고 견디면 사람이 될 것이다.

2. 읽으면서 바르게 따라 써 보아요.

고구려 세운 동명왕

시대 고구려

출생~사망 기원전 58~19년

업적 동부여의 왕자로 태어나서 졸본에 고구려를 세움

키워드 아버지 동부여의 금와왕, 어머니 하백의 딸 유화, 천제의 아들 해모수, 고구려의 시조 주몽

주몽 내가 고구려를 세운 동명왕 주몽이다.
활을 쏘기만 하면 백발백중이지.

3. 백제 세운 온조왕

시대 백제

출생~사망 ?~28년

업적 동명왕의 아들이며 한강 근처에 백제를 세움

키워드 동명왕의 아들 온조, 어머니 소서노, 형제 비류, 수도(도읍) 위례성

온조왕 아버지에게 기대지 않고 나도 새 나라를 세울 거야. 북쪽으로는 강이 흐르고, 동쪽으로는 높은 산이 있으며, 남쪽에는 비옥한 들이 있으니 이곳을 도읍으로 정하는 것이 좋겠구나.

4. 알에서 나온 박혁거세

시대 신라

출생~사망 기원전 69년~기원후 4년

업적 삼국 중 역사가 가장 오래된 신라의 첫 번째 왕

키워드 신라의 시조 박혁거세, 우물가 커다란 알,
박혁거세의 부인 알영, 경주 오릉

박혁거세 우물 옆 커다란 알에서 태어났으며 밝게 세상을 다스릴 사람

경주 오릉 박혁거세가 죽은 후 그의 몸이 다섯 개로 나누어 땅에 떨어졌으니 이를 나누어 매장하여 만든 무덤(묘)

5. 만주벌판 광개토대왕

시대 고구려

출생~사망 374~413년

업적 고구려의 19대 왕. 북쪽으로 만주와 요동 땅, 남쪽으로 한강 이북 땅까지 영토를 넓힘

키워드 땅따먹기 대장, 고구려, 만주와 요동, 광개토대왕릉비

광개토대왕 이름은 담덕. 고구려는 광개토대왕 때 나라 힘이 가장 셈

광개토대왕릉비 18세에 왕위에 올라 영락대왕이라 칭하였고, 39세에 세상을 버리고 떠나시었다

6. 신라 장군 이사부

시대 신라

출생~사망 ?~?

업적 나무로 만든 사자로 겁을 주어 우산국을 점령함

키워드 사자 인형, 우산국(울릉도) 정벌, 신라의 왕 지증왕

이사부 나무로 사자 인형 수십 개를 만들어 배에 실어라 항복하지 않으면 이 사자들을 우산국에 풀겠다!

7. 떡방아백결선생

시대 신라

출생~사망 414년~?

업적 가난했지만 뛰어난 연주 실력을 자랑한 신라의 거문고 연주자

키워드 거문고, 떡방아 소리, 누더기 옷

백결 선생 아내 남들은 모두 찧을 곡식이 있는데, 홀로 우리만 없으니, 어찌 해를 넘길꼬?

백결 선생 내가 그대를 위하여 방아 소리를 내어 위로하리다.

8. 삼천 궁녀 의자왕

시대 백제

출생~사망 재위(641~660년) ★재위: 임금의 자리에 있음

업적 왕이 되어 나라를 개혁하고 영토를 넓혔지만 나당 연합군을 막지 못해 멸망함

키워드 나당 연합군, 사비성, 삼천 궁녀, 낙화암

의자왕 백성들이 편하려면 먼저 백제가 강한 나라가 되어야 해!

낙화암 백제의 수도 사비성이 함락될 때, 백제의 삼천 궁녀가 낙화암 절벽에서 백마강을 향해 뛰어들었다

9. 황산벌의 계백

시대 백제

출생~사망 ?~660년

업적 백제 말에 나당 연합군에 맞서 싸우다 황산벌에서 전사함

키워드 황산벌 전투, 5천 명의 결사대, 5만의 신라군

계백 처자식이 포로로 잡혀 노예가 될지도 모른다. 살아서 치욕을 당하느니 차라리 쾌히 죽는 것이 낫다. 백제의 군사들아! 한 발도 물러서지 마라! 죽기를 각오하고 싸워라!

10. 맞서 싸운 관창

시대 신라

출생~사망 645~660년

업적 황산벌에서 목숨을 바쳐 전투를 승리로 이끎

키워드 화랑, 황산벌 전투, 계백

세속오계	화랑도들이 중요시하는 5개 지침
사군이충	충성으로써 임금을 섬기어야 한다.
사친이효	효로써 부모를 섬기어야 한다.
교우이신	믿음으로써 벗을 사귀어야 한다.
임전무퇴	싸움에 나가서 물러남이 없어야 한다.
살생유택	살아있는 것을 죽일 때에는 가림이 있어야 한다.

사군이충 사친이효 교우이신 임전무퇴 살생유택

2절

한국을 빛낸 100명의 위인들 2절을 배워 보아요.

김유신, 문무왕,
원효대사, 혜초, 장보고,
대조영, 강감찬, 서희,
정중부, 최무선, 죽림칠현,
김부식, 지눌, 의천, 이종무,
정몽주, 문익점, 최충, 일연

말 목 자른 김유신 통일 문무왕
원효대사 해골 물 혜초 천축국
바다의 왕자 장보고 발해 대조영
귀주대첩 강감찬 서희 거란족
무단 정치 정중부 화포 최무선
죽림칠현 김부식 지눌국사 조계종
의천 천태종 대마도 정벌 이종무
일편단심 정몽주 목화씨는 문익점
해동공자 최충 삼국유사 일연
역사는 흐른다

읽으면서 바르게 따라 써 보아요.

2절 따라 쓰기

김유신, 문무왕,
원효대사, 혜초, 장보고,
대조영, 강감찬, 서희,
정중부, 최무선, 죽림칠현,
김부식, 지눌, 의천, 이종무,
정몽주, 문익점, 최충, 일연

말 목 자른 김유신 통일 문무왕
원효대사 해골 물 혜초 천축국
바다의 왕자 장보고 발해 대조영
귀주대첩 강감찬 서희 거란족
무단 정치 정중부 화포 최무선
죽림칠현 김부식 지눌국사 조계종
의천 천태종 대마도 정벌 이종무
일편단심 정몽주 목화씨는 문익점
해동공자 최충 삼국유사 일연
역사는 흐른다

11. 읽으면서 바르게 따라 써 보아요.

말목 자른 김유신

시대 신라

출생~사망 595~673년

업적 신라가 삼국을 통일하는 데 중요한 공을 세움

키워드 다섯 명의 왕을 섬김, 명장, 신라의 3대 화랑

김유신 운이 좋고 나쁨은 정해진 것이 아니라 오로지 사람이 부르는 것. 반드시 먼저 당나라의 군사와 결전을 한 후에 백제를 깨뜨리겠다.

예쁘게 써보자!

12. 읽으면서 바르게 따라 써 보아요.

| 삼 | 국 | 통 | 일 | 문 | 무 | 왕 |

시대 | 신 | 라 |

출생~사망 626~681년

업적 삼국을 통일함

키워드 신라 제30대 왕, 삼국 통일, 김유신

문무왕 유언 내가 죽은 뒤에 호국대룡이 되어 불법을 만들고 나라를 수호하고자 한다.

호국대룡 용이 되어 신라를 지키고 보호함

13. 해골물 원효대사

시대 신라

출생~사망 617~686년

업적 불교의 가르침을 백성들에게 널리 알림

키워드 당나라 유학, 해골 물, 신라의 승려, 설총의 아버지

원효대사 "썩은 물은 똑같은데, 어제는 달고 오늘은 그렇지 않다니! 결국, 행복도 불행도 모두 마음에 달린 것이로구나."

14. 천축국에 간 혜초

시대 신라

출생~사망 704~787년

업적 인도를 여행하고 돌아와 《왕오천축국전》을 씀

키워드 왕오천축국전, 가장 오래된 여행기, 인도

왕오천축국의 뜻

왕 다녀왔다.

오천축국 고대 인도의 다섯 국가

왕오천축국 신라의 승녀 혜초가 고대 인도를 답사하고 쓴 여행기

15. 바다의 왕자 장보고

시대 신라

출생~사망 780년대 후반~846년

업적 지금의 완도에 청해진을 세워 해상 무역을 장악함

키워드 청해진, 해상무역, 바다 지킴이

청해진 장군 장보고가 지금의 전라남도 완도에서 이곳을 중심으로 해상권을 장악한 곳

장보고 당이 우리나라 사람들을 자꾸 잡아가 노비로 삼으니 저에게 군사 1만을 주시면 제가 당의 해적들을 막겠습니다.

16. 발해를 세운 대조영

시대 발해

출생~사망 ?~719년

업적 옛 고구려 땅에 발해를 세움

키워드 해동성국, 고구려인, 남북극 시대

해동성국 바다 동쪽의 강한 나라

대조영 "우리 힘을 합쳐 고구려를 다시 일으킵시다."
"고구려인들이 호락호락하지 않다는 걸 보여 주마."

17. 귀주대첩 강감찬

시대 고려

출생~사망 948~1031년

업적 거란군이 쳐들어오자 귀주에서 크게 무찔러 승리함

키워드 고려의 명장, 거란의 소배압, 소가죽, 낙성대

낙성대 강감찬 장군이 태어난 곳

강감찬 소가죽으로 강물을 막다가 거란군이 지나갈 때 막았던 물을 한꺼번에 흘려보내라.

18. 담판외교 서희

담판외교 서희

시대 고려

출생~사망 942~998년

업적 고려를 침략한 거란 장군을 찾아가 담판을 통해 전쟁 없이 철수하게 함

키워드 거란의 소손녕, 강동 6주(흥화, 용주, 통주, 철주, 구주, 곽주)

서희 고려와 거란 양국의 국교를 가로막고 있는 여진을 쫓아내고 사이좋게 지낼 테니 강주 6주를 넘겨주시오.

19. 무단 정치 정중부

시대 고려

출생~사망 1106~1179년

업적 무력을 앞세운 무단 정치를 시작함

키워드 무과 출신 vs 문과 출신, 100년 무신 통치, 이소응

정중부 나이도 어린 문신이 쉰 살을 넘긴 우리 이소응 장군의 뺨을 때리다니 더는 참을 수 없다! 한 사람도 남김없이 문신 모두를 굴복시켜라!

20. 화포발명최무선

시대: 고려

출생~사망: 1325~1395년

업적: 우리나라 최초로 화약 무기를 발명하여 일본 왜구들을 소탕함

키워드: 화통도감(화약, 화기 제조),
진포 해전(우리나라 최초의 화약 무기 사용 해전)

고려사절요: 화포가 실린 기록. 최무선이 처음으로 만든 화포를 써서 그 배를 불태우니, 연기와 화염이 하늘에 넘쳤다.

21.~27. 일곱 선비 죽림칠현

시대 고려

출생~사망 1170~1270년 (고려 무신 정권 시대)

업적 무단 정치를 피해 자연에서 친한 문인들과 학문을 닦으며 세월을 보냄

키워드
중국의 죽림칠현 : 완적, 혜강, 산도, 상수, 유령, 완함, 왕융

고려의 죽림칠현(강좌칠현) : 이인로, 오세재, 임춘, 조통, 황보항, 함순, 이담지

강좌칠현 무신들의 권력에 우리는 자연 속 깊이 파묻혀 책이나 읽고 시나 짓도록 하세.

28. 삼국사기 김부식

시대 고려

출생~사망 1075~1151년

업적 묘청의 난을 진압하고 우리나라 최초의 역사책 《삼국사기》를 펴냄

키워드 역사학자, 우리나라 가장 오래된 역사책, 삼국시대 역사

김부식 전하의 명을 받들어 고구려, 백제, 신라의 역사를 후세에 훌륭한 역사책이 되도록 열심히 집필하겠습니다.

29. 30. 조계종 지눌 천태종 의천

시대 고려

출생~사망 1055~1101년(의천), 1158~1210년(지눌)

업적 고려 시대 승려로 조계종과 천태종을 창시함

키워드 불교, 참선, 교리

의천 불경 공부와 수행을 함께 해야 한단다.

지눌 참선과 교리, 둘 다 부처님의 가르침이니 먼저 깨닫고 꾸준히 실천하는 것이 중요하단다.

31. 대마도정벌 이종무

시대 고려말 ~ 조선초

출생~사망 1360~1425년

업적 조선 시대에 대마도를 공격해 왜구들을 소탕함

키워드 왕자의 난, 세종대왕, 대마도

세종대왕 우리 백성이 고통받고 있는데 어찌 가만있겠느냐?

이종무 왜구들은 당장 항복하고 잡아 온 포로들을 보내라!

32. 일편단심 정몽주

시대 고려

출생~사망 1337~1392년

업적 고려에 대한 충성심으로 끝내 변심하지 않고 죽음을 택한 충신

키워드 고려 말 문신, 선죽교, 이방원

이방원 《하여가》 이런들 어떠하며 저런들 어떠하리
만수산 드렁칡이 얽혀진들 그 어떠하리
우리도 이같이 얽어져 백 년까지 누리리라

정몽주 《단심가》 이 몸이 죽고 죽어 일백 번 고쳐 죽어
백골이 진토되어 넋이라도 있고 없고
임 향한 일편단심이야 가실 줄이 있으랴

33. 목화씨는 문익점

시대 고려

출생~사망 1329~1398년

업적 중국에서 목화씨를 가져와 우리나라에서 재배하는 데 성공함

키워드 목화 씨앗, 삼베옷, 면옷, 목면화기

목면화기 문익점의 목화 도입 내력 및 중요한 사건이나 이력 등을 기록한 역사서

문익점 "우리나라 사람들도 저런 따뜻한 옷을 입으면 좋겠어."

34. 해동공자 최충

시대 고려

출생~사망 984~1068년

업적 교육이 중요하다 여겨 9재 학당을 세우고 인재를 기르는 데 힘씀

준비 됐지?

키워드 해동공자(바다 동쪽의 공자), 9재 학당의 설립, 인재 양성

9재 학당 악성, 대중, 성명, 경업, 조도, 솔성, 진덕, 대화, 대빙 등 9개의 반으로 분류되어 순차적으로 여러 재를 거쳐 마지막 대빙재에서 공부함으로써 졸업하는 것

35. 삼국유사 일연

시대 고려

출생~사망 1206~1289년

업적 《삼국유사》를 쓴 고려 최고의 승려

키워드 국보 제306호, 단군 신화 기록 최초의 책, 고려 충렬왕 7년

삼국유사 고려 승려 일연(1206~1289)이 충렬왕 7년(1281)에 편찬한 역사서이다.

전체 5권으로 이루어져 있으며, 5권 내에 다시 9편으로 나뉘어 있다.

1, 2권은 역사 사실을 주로 다루었고 3, 4, 5권은 불교 사실을 주로 다루었다.

삼국유사 고려 승려 일연(1206~1289)이 충렬왕 7년(1281)에 편찬한 역사서이다.
전체 5권으로 이루어져 있으며, 5권 대에 다시 9편으로 나뉘어 있다.
1, 2권은 역사 사실을 주로 다루었고 3, 4, 5권은 불교 사실을 주로 다루었다.

삼국유사!

우리나라 국보입니다.

3절

한국을 빛낸 100명의 위인들 3절을 배워 보아요.

최영장군, 황희정승,
맹사성, 장영실, 신숙주,
한명회, 율곡, 퇴계, 신사임당,
곽재우와 조헌, 김시민,
이순신, 태정태세문단세
사육신과 생육신, 논개, 권율

황금을 보기를 돌같이 하라
최영 장군의 말씀 받들자
황희 정승 맹사성 과학 장영실
신숙주와 한명회 역사는 안다
십만양병 이율곡 주리 이퇴계
신사임당 오죽헌 잘 싸운다 곽재우
조헌 김시민 나라 구한 이순신
태정태세문단세 사육신과 생육신
몸 바쳐서 논개 행주치마 권율
역사는 흐른다

읽으면서 바르게 따라 써 보아요.

3절 따라 쓰기

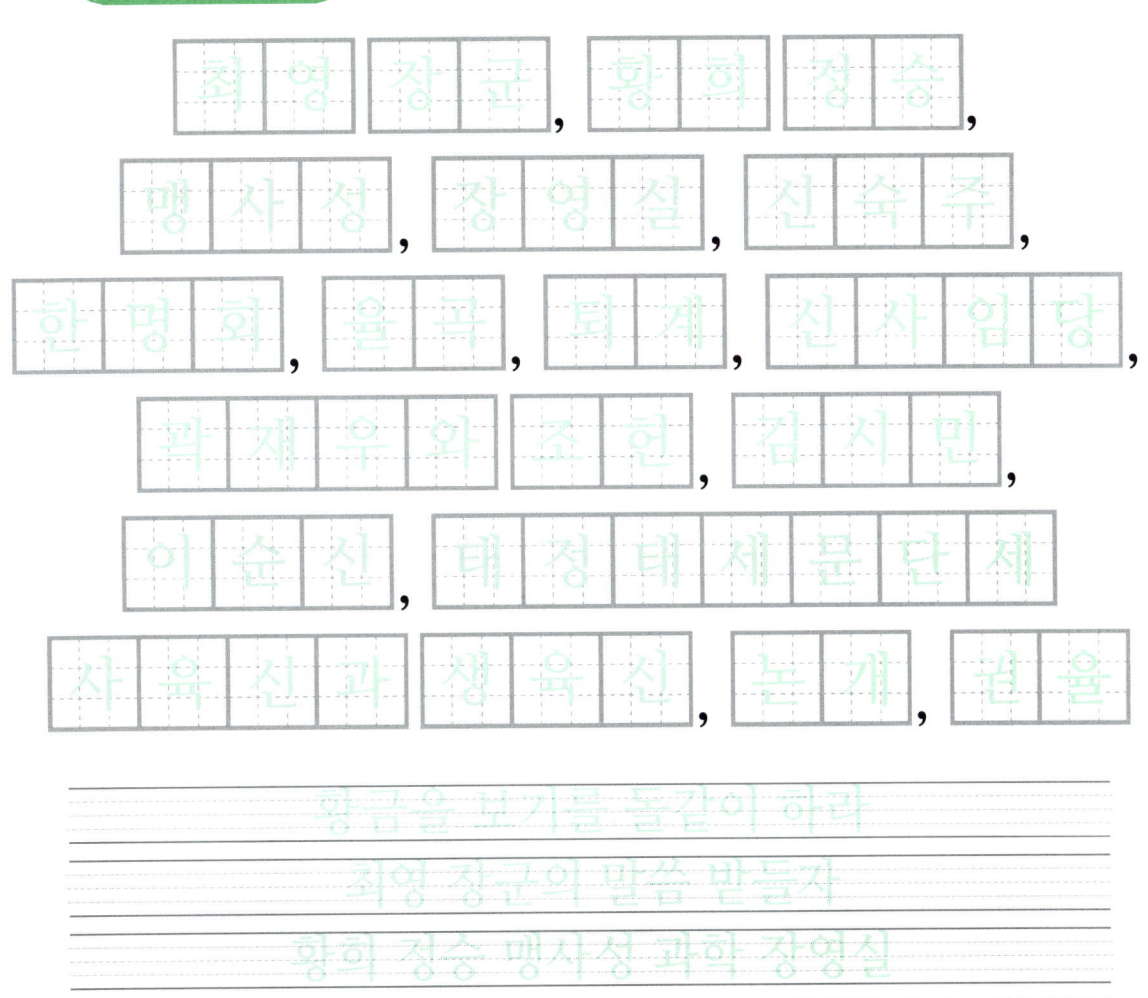

36.

읽으면서 바르게 따라 써 보아요.

| 욕 | 심 | 없 | 는 | 최 | 영 | 장 | 군 |

시대 고려

출생~사망 1316~1388년

업적 고려 말 청렴하고 용맹함으로 널리 칭송을 받음

키워드 고려의 명장, 홍건적과 왜구 격퇴, 청렴

최영 황금 보기를 돌같이 하라.

37. 읽으면서 바르게 따라 써 보아요.

| 겸 | 손 | 한 | 황 | 희 | 정 | 승 |

시대 조선

출생~사망 1363~1452년

업적 조선의 최장수 재상으로 성품이 어질고 청렴함

키워드 세종대왕의 가장 신임받은 재상, 18년간 영의정

농부의 가르침

황희 정승 검은 소와 누렁소 중 누가 일을 더 잘합니까?

농부 말 못하는 짐승이라도 자기를 욕하고 흉을 보면 기분을 상하게 되는 것이오.

황희 정승 (크게 깨달음) "앞으로는 말과 행동을 조심해야겠구나."

38. 청백리 맹사성

시대 조선

출생~사망 1360~1438년

업적 조선 시대에 검소하기로 이름 높은 재상

키워드 고려 말 조선 초의 재상, 청백리(재물에 대한 욕심이 없고 곧고 깨끗한 관리)

맹사성 벼슬이 낮은 사람이 찾아와도 의복을 갖추고 대문밖에 나아가 맞아들여 윗자리에 앉히고, 돌아갈 때도 역시 공손하게 보내고 들어와야 한다.

39. 조선의 발명가 장영실

시대 조선

출생~사망 ?~?년

업적 세종대왕 때 자격루, 해시계 등을 발명함

키워드 조선 최고의 과학자, 자격루, 해시계

자격루 국보 제229호.
조선 세종 때의 물시계로, 물이 흐르는 것을 이용하여 스스로 소리를 나게 해서 시간을 알리게 한 것

40. 단종 몰아낸 신숙주

시대 조선

출생~사망 1417~1475년

업적 마음을 바꾸고 단종 대신 세조를 섬김

키워드 단종, 수양대군, 숙주나물

신숙주 단종의 폐위와 죽음이 목숨을 걸 만한 일이라고 생각하지 않기에 죽지 않고 살아남아 자신의 갈 길을 가야 한다.

41. 단종 몰아낸 한명회

시대 조선

출생~사망 1415~1487년

업적 단종을 몰아내고 수양대군이 세조로 즉위하는 데 공을 세움

키워드 단종, 김종서, 계유정난

계유정난 수양대군이 왕위를 빼앗기 위하여 일으킨 사건, 수양대군을 왕으로 만든 핵심 인물

한명회 수양대군께서 나라를 태평하게 다스리시려면 이 사람이 아니고는 할 수 없습니다.

42. 십만양병율곡

시대 조선

출생~사망 1536~1584년

업적 외적의 침입에 대비해 십만양병설을 주장함

키워드 십만양병, 신사임당의 셋째 아들, 임진왜란

이 율곡 외적의 침입에 대비해 십만 군대를 키워야 합니다.

예쁘게 써보자!

43. 성리학자 퇴계

시대 조선

출생~사망 1501~1570년

업적 조선 시대에 성리학을 깊이 탐구하고 도산서원을 세워 제자들을 가르침

키워드 조선 중기의 문신, 도산서원, 주리론

성리학 중국 송나라에서 시작한 학문으로 조선 시대 우리나라에도 널리 퍼진 유학의 갈래

이 퇴계 "마음이 바른 사람을 길러야 나라도 굳건해지지."

44. 오죽헌의 신사임당

시대 조선

출생~사망 1504~1551년

업적 율곡 이이의 어머니이며 조선의 대표적인 여성 화가

키워드 율곡의 어머니, 여성 화가, 현모양처

신사임당 시
-어머니가 계신 마을을 바라보며 쓴 시-
늙으신 어머님을 고향에 두고, 외로이 서울길로 가는 이 마음
머리 돌려 북평 땅을 한번 바라보니, 흰 구름만 저문 산을 날아 내리네

신사임당 시 -어머님을 그리워하는 시-

산이 겹친 내 고향 여기서 천 리, 자나 깨나 꿈속에도 돌아가고파
한송정 가에는 외로이 뜬 달, 경포대 앞에는 한 줄기 바람. 바닷가 갈매기
모였다 흩어지고, 고깃배 이리저리 오고 가리. 언제 다시 고향 강릉 길 밟고 가,
비단 색동옷 입고 부모님 곁에서 바느질할꼬.

바르게 써 보아요!

45. 46. 의병 곽재우 조헌

시대 조선

출생~사망 1552~1617년(곽재우), 1544~1592년(조헌)

업적 임진왜란 당시 의병을 일으켜 왜적과 맞서 싸움

키워드 임진왜란, 의병, 홍의 장군

곽재우 붉은 옷을 입고 의병을 지휘하며 스스로 홍의 장군이라 했다.

조헌 옥천에서 의병을 일으킨 조헌은 의병 천여 명을 모집하고 청주성을 되찾았다.

47. 진주대첩 김시민

시대: 조선

출생~사망: 1554~1592년

업적: 임진왜란 당시 왜병으로부터 진주성을 굳건히 지킴

키워드: 임진왜란, 진주대첩, 조선 중기의 무신

김시민: 왜병 2만이 몰려오고 있으니 남녀노소 불문하고 전부 성으로 들어와 목숨 걸고 진주성을 지켜라.

준비 됐지?

48. 백전백승 이순신

시대 조선

출생~사망 1545~1598년

업적 거북선을 만들고 일본 수군과 치른 모든 전투를 승리로 이끎

키워드 거북선, 한산도 대첩, 학익진

이순신 -옥포해전을 앞두고 한 말씀-
가벼이 움직이지 마라, 침착하게 태산같이 무겁게 행동하라.

키워드 백의종군, 명량 대첩, 노량 해전

백의종군, 명량 대첩, 노량 해전

이순신
-수군을 육군과 합세하는 말에 수군을 없앨 수 없다고 한 말씀-
"신에게는 아직 12척의 배가 있사옵니다."
-명량해전이 벌어지기 하루 전-
"죽고자 하면 살고 살려고 하면 죽는다.",
"한 사람이 길목을 지키면 천 명도 두렵게 한다."
-노량 해전에서 적탄에 맞아 숨을 거두시며-
"나의 죽음을 적에게 알리지 마라!"

이순신 -수군을 해산하고 육군과 합세하는 말에
수군을 없앨 수 없다고 한 말씀-
"신에게는 아직 12척의 배가 있사옵니다."
-명량해전이 벌어지기 하루 전-
"죽고자 하면 살고 살려고 하면 죽는다.",
"한 사람이 길목을 지키면 천 명도 두렵게 한다."
-노량 해전에서 적탄에 맞아 숨을 거두시며-
"나의 죽음을 적에게 알리지 마라!"

49.~55. 조선의 임금들

시대 조선

재위 기간 태조(1392~1398년), 정종(1398~1400년), 태종(1400~1418년), 세종(1418~1450년), 문종(1450~1452년), 단종(1452~1455년), 세조(1455~1468년)

키워드 태조, 정종, 태종

태조 이성계 조선 건국

정종 이방과 왕자의 난

태종 이방원 양전법과 호패법 실시

태	정	태	세	문	단	세
태	정	태	세	문	단	세

키워드 세종, 문종, 단종, 세조

세종, 문종, 단종, 세조

세종 이도 한글 창제

세종 이도 한글 창제

문종 이향 세종 보필

문종 이향 세종 보필

단종 이홍위 어린 나이 즉위

단종 이홍위 어린 나이 즉위

세조 이유 경국대전 편찬

세조 이유 경국대전 편찬

56.~67. 사육신과 생육신

시대 조선

출생~사망 1456년 (단종의 복위를 꾀하다가 처형된 여섯 명의 충신) 사육신

업적 수양대군이 왕이 되는 것을 반대하며 끝까지 단종을 따름

키워드 계유정난, 수양대군, 단종의 복위운동

사육신 성삼문, 박팽년, 하위지, 이개, 유성원, 유응부

생육신 김시습, 남효온, 성담수, 원호, 이맹전, 조려

성삼문 -죽기 전 한 편의 시-

이 몸이 죽어가서 무엇이 될꼬 하니,

봉래산 제일봉에 낙락장송 되어 있어

백설이 만건곤 할 때 독야청청하리라

> **봉래산** : 중국 전설에서 신선이 살고 있는 산
> **제일봉** : 가장 높은 봉우리
> **낙락장송** : 가지가 축축 늘어지고 키가 높은 소나무
> **백설이 만건곤 할 때** : 흰 눈이 온 세상에 가득 찼을 때
> **독야** : 나홀로

68. 의로운 여인 논개

시대 조선

출생~사망 ?~1593년

업적 임진왜란 때 진주성을 침략한 왜군 장수를 끌어안고 강물에 몸을 던짐

키워드 진주성, 기생, 의암

의암 논개가 왜장을 끌어안고 순국한 바위

논개 내 한 몸 바쳐 나라를 구할 것이다.

69. 행주대첩 권율

시대 조선

출생~사망 1537~1599년

업적 임진왜란 때 투석전으로 행주산성을 굳게 지켜 냄

키워드 행주산성, 행주치마, 임진왜란의 3대 대첩

권율 무기가 없으면 행주치마에 돌을 담아 던져서 싸워라.

바르게 써 보아요!

4절

한국을 빛낸 100명의 위인들 4절을 배워 보아요.

홍길동, 임꺽정, 삼학사,
박문수, 한석봉, 김홍도,
김삿갓, 김정호, 영조, 정조,
정약용, 전봉준, 김대건,
황진이, 홍경래, 김옥균,
애국자 안중근, 매국노 이완용

번쩍번쩍 홍길동 의적 임꺽정
대쪽같은 삼학사 어사 박문수
삼 년 공부 한석봉 단원 풍속도
방랑 시인 김삿갓 지도 김정호
영조 대왕 신문고 정조 규장각
목민심서 정약용 녹두 장군 전봉준
순교 김대건 서화가무 황진이
못살겠다 홍경래 삼일천하 김옥균
안중근은 애국 이완용은 매국
역사는 흐른다

읽으면서 바르게 따라 써 보아요.

4절 따라 쓰기

홍길동, 임꺽정, 삼학사,
박문수, 한석봉, 김홍도,
김삿갓, 김정호, 영조, 정조,
정약용, 전봉준, 김대건,
황진이, 홍경래, 김옥균,
애국자 안중근, 매국노 이완용

번쩍번쩍 홍길동 의적 임꺽정
대쪽같은 삼학사 어사 박문수
삼 년 공부 한석봉 단원 풍속도
방랑 시인 김삿갓 지도 김정호
영조 대왕 신문고 정조 규장각
목민심서 정약용 녹두 장군 전봉준
순교 김대건 서화가무 황진이
못살겠다 홍경래 삼일천하 김옥균
안중근은 애국 이완용은 매국
역사는 흐른다

70. 읽으면서 바르게 따라 써 보아요.

번쩍번쩍 홍길동

번쩍번쩍 홍길동

시대 조선

출생~사망 1569~1618년(허균)

업적 《홍길동전》에 등장하는 신출귀몰한 도둑으로 신분 차별이 없는 율도국을 세움

《홍길동전》에 등장하는 신출귀몰한 도둑으로
신분 차별이 없는 율도국을 세움

키워드 허균, 홍길동전, 의적

허균, 홍길동전, 의적

의적 가난한 사람을 도와주는 의로운 도적

의적 가난한 사람을 도와주는 의로운 도적

조선 시대 3대 도적 명종 때 임꺽정, 숙종 때 장길산, 연산군 때 홍길동

조선 시대 3대 도적 명종 때 임꺽정,
숙종 때 장길산, 연산군 때 홍길동

읽으면서 바르게 따라 써 보아요.

71. 의적 임꺽정

시대 조선

출생~사망 ?~1562년

업적 부패한 관청을 털어 가난한 백성들에게 나누어 준 의적

키워드 명종, 황해도, 백정 출신

임꺽정 부패한 관청을 털어 굶주린 백성들에게 곡식을 나누어 주자.

72.~74. 꿋꿋한 마음 삼학사

시대 조선

출생~사망 1636~1637년(병자호란)

업적 병자호란 때 청나라에 굴복하지 않은 탓에 청나라에 끌려가 목숨을 잃음

키워드 병자호란, 인조, 남한산성

삼학사 홍익한, 윤집, 오달제
병자호란 때 조선이 청나라에 항복을 반대한 세 사람

75. 어사 박문수

시대 조선

출생~사망 1691~1756년

업적 암행어사로 지방을 다니며 못된 관리들을 벌주고 백성을 도움

키워드 마패, 암행어사, 영조

박문수 암행어사 출두요!

예쁘게 써보자!

76. 삼 년 공부 한석봉

시대 조선

출생~사망 1543~1605년

업적 어머니의 엄한 가르침에 따라 글공부에 전념하여 명필가로 이름을 떨침

키워드 한호(호는 석봉), 떡, 명필가

한석봉 어머니 등잔불을 끄고 한번 글씨를 써 보아라.
네가 글을 쓸 동안 나는 떡을 썰어 보이겠다.

77. 풍속화가 단원 김홍도

시대 조선

출생~사망 1745~1806년(?)

업적 조선 시대의 화가로 활달하고 정감 있는 풍속화를 잘 그림

키워드 영조, 군선도, 풍속화첩

군선도 여러 신선이 함께 있는 군상을 그린 그림

풍속화첩 대부분 서민의 소재로 그린 그림

바르게 써 보아요!

78. 방랑 시인 김삿갓

방랑 시인 김삿갓

시대 조선

출생~사망 1807~1863년

업적 삿갓을 쓰고 세상을 방랑하던 시인

키워드 김병연(김립, 김삿갓), 방랑 생활

김삿갓 조상을 욕되게 한 죄인 푸른 하늘을 볼 수 없구나!

준비 됐지?

79. 대동여지도 김정호

시대 조선

출생~사망 1804(추정)~1866년

업적 조선 시대 최고의 지리학자이며, 27년간 전국을 두 발로 다니며 〈대동여지도〉를 만듦

키워드 조선의 지리학자, 호는 고산자

대동여지도 27년간 전국을 답사하고 1861년 제작함

80. 신문고 해결사 영조

시대 조선

출생~사망 1694~1776년

업적 조선의 21대 왕이며, 탕평책을 실시해 인재를 골고루 등용함

키워드 탕평책, 숙빈 최씨, 사도 세자

영조 "억울한 일을 당할 때 궁 밖에 있는 신문고를 두드리면 내가 나서서 직접 풀어주겠다."

바르게 써 보아요!

81. 규장각 지은 정조

시대 조선

출생~사망 1752~1800년

업적 조선의 22대 왕으로 정치와 제도를 개혁하고 조선의 문화를 꽃피움

키워드 이산, 규장각(왕실 도서관), 수원 화성

정조 모든 부모들은 아이들을 임금님을 대하듯이 우러러보아야 하며 이는 아이들이 미래를 이끌어가야 할 존재이기 때문이다.

82. 목민심서 정약용

시대 조선

출생~사망 1762~1836년

업적 조선 후기 실학자이며 거중기를 발명하고 《목민심서》, 《경세유표》 등의 책을 씀

키워드 호는 다산, 거중기, 실학자

목민심서 관리들이 올바른 마음가짐으로 백성들을 다스리는 바른길을 설명

83. 녹두 장군 전봉준

시대 조선

출생~사망 1855~1895년

업적 백성을 괴롭히는 못된 관리들에 맞서기 위해 동학 농민 운동을 일으킴

키워드 농민 운동가, 동학 농민 운동, 평등

전봉준 "사람은 다 평등한데, 언제까지 우리가 참아야 합니까?"

84. 순교자 김대건

시대 조선

출생~사망 1821~1846년

업적 천주교를 전파하다 순교한 우리나라 최초의 천주교 신부

키워드 천주교, 최초의 천주교 신부

김대건 나는 천주교를 위해 죽는 것입니다. 영원한 생명이 내게 시작되려고 합니다.

85. 서 화 가 무 황 진 이

시대 조 선

출생~사망 ?~?년

업적 조선 시대의 기생. 뛰어난 미모, 예술적 재능으로 널리 이름을 알림

키워드 송도삼절, 서경덕, 박연폭포

황진이 청산리 벽계수야 수이 감을 자랑 마라

준비 됐지?

86. 못 살 겠 다 홍 경 래

시대 조선

출생~사망 1771~1812년

업적 평안도에서 백성들이 차별받는 것에 분노해 농민들과 함께 반란을 일으킴

키워드 홍경래의 난, 지역 차별 철폐, 정주성

홍경래의 난 지방 차별과 조정의 부패에 항거하여 일으킨 농민 항쟁

87. 삼일천하 김옥균

시대 조선

출생~사망 1851~1894년

업적 새로운 문물을 받아들이자고 주장한 개화파로 갑신정변을 일으킴

키워드 개화 운동가, 갑신정변, 개혁

김옥균 저 달은 비록 작으나 천하를 비추는구나

애국자 안중근

시대 조선말 ~ 일제 강점기

출생~사망 1879~1910년(안중근), 1858~1926년(이완용)

업적 일제 강점기 독립운동가로 하얼빈에서 이토 히로부미를 저격함

키워드 독립운동가, 하얼빈, 이토 히로부미 저격

안중근 의사 세월을 헛되이 보내지 말라, 청춘은 다시 돌아오지 않는다.
하루라도 책을 읽지 않으면 입속에 가시가 돋는다.

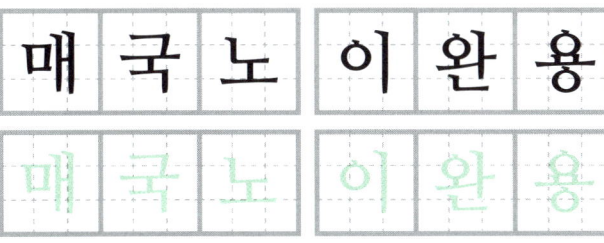

| 매 | 국 | 노 | 이 | 완 | 용 |

행적 조선 말기 을사늑약을 찬성해 나라를 일본에 팔아넘김

을사늑약 일본이 한국의 외교권을 빼앗기 위하여 강제적으로 맺은 조약

을사오적 을사늑약의 체결을 찬성했던 5명의 매국노.
학부대신 이완용, 외부대신 박제순, 내부대신 이지용,
군부대신 이근택, 농상공부대신 권중현

한국을 빛낸 100명의 위인들 5절을 배워 보아요.

윤동주, 지석영, 손병희,
유관순, 안창호, 방정환,
이수일과 심순애, 김두한,
이상, 이중섭

별 헤는 밤 윤동주 종두 지석영
삼십삼인 손병희
만세 만세 유관순 도산 안창호
어린이날 방정환
이수일과 심순애 장군의 아들 김두한
날자꾸나 이상 황소 그림 중섭
역사는 흐른다

읽으면서 바르게 따라 써 보아요.

5절 따라 쓰기

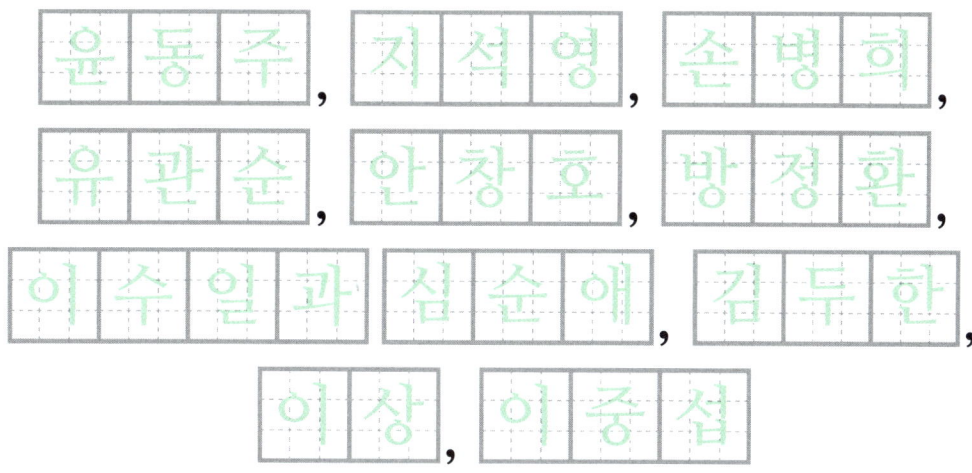

별 헤는 밤 윤동주 종두 지석영
삼십삼인 손병희
만세 만세 유관순 도산 안창호
어린이날 방정환
이수일과 심순애 장군의 아들 김두한
날자꾸나 이상 황소 그림 중섭
역사는 흐른다

90. 별 헤는 밤 윤동주

읽으면서 바르게 따라 써 보아요.

| 별 | 헤 | 는 | 밤 | 윤 | 동 | 주 |

시대 일제 강점기

출생~사망 1917~1945년

업적 일제 강점기에 나라를 빼앗긴 슬픔을 아름다운 시로 써서 남김

키워드 독립운동가, 시인, 서시

윤동주 서시
죽는 날까지 하늘을 우러러 한 점 부끄럼이 없기를,
잎새에 이는 바람에도 나는 괴로워했다.
별을 노래하는 마음으로 모든 죽어가는 것을 사랑해야지.
그리고 나한테 주어진 길을 걸어가야겠다.
오늘 밤에도 별이 바람에 스치운다.

윤동주 서시

죽는 날까지 하늘을 우러러
한 점 부끄럼이 없기를,
잎새에 이는 바람에도 나는 괴로워했다.
별을 노래하는 마음으로
모든 죽어가는 것을 사랑해야지.
그리고 나한테 주어진 길을 걸어가야겠다.
오늘 밤에도 별이 바람에 스치운다.

91. 종두법 지석영

시대 조선 말 ~ 일제 강점기

출생~사망 1855~1935년

업적 전염병인 천연두를 예방할 수 있는 종두법을 시행해 많은 사람들의 목숨을 건짐

키워드 천연두, 한의사, 종두법

종두법 천연두를 예방하기 위하여 백신을 인체의 피부에 접종하는 방법

92. 삼십삼인 손병희

시대 조선말 ~ 일제강점기

출생~사망 1861~1922년

업적 민족 대표 33인과 독립선언서를 낭독하여 3·1운동을 일으키는 데 앞장섬

키워드 독립선언서, 독립운동가, 3·1운동

3·1 독립선언서 우리는 오늘 조선이 독립한 나라이며, 조선인이 이 나라의 주인임을 선언한다…….

93. 삼일만세운동 유관순

시대 일제강점기

출생~사망 1902~1920년

업적 천안에서 3·1 운동을 이끌다 잡혀 열여덟 살에 감옥에서 목숨을 잃음

키워드 독립운동가, 3·1운동, 서대문 형무소

유관순 대한 독립 만세! 대한 독립 만세! 대한 독립 만세!

94. 도산 안창호

시대 조선말 ~ 일제 강점기

출생~사망 1878~1938년

업적 독립운동가로 활동하였으며 학교를 세워 많은 인재를 길러 냄

키워드 자주독립, 항일 비밀 결사단, 애국 계몽 운동

안창호 나는 밥을 먹어도 한국의 독립을 위해 먹고, 잠을 자도 한국의 독립을 위해서 잔다

95. 어린이날 방정환

시대 일제강점기

출생~사망 1899~1931년

업적 〈어린이〉 잡지를 펴내고 어린이날을 만듦

키워드 호는 소파, 5월 5일, 아동문화운동가

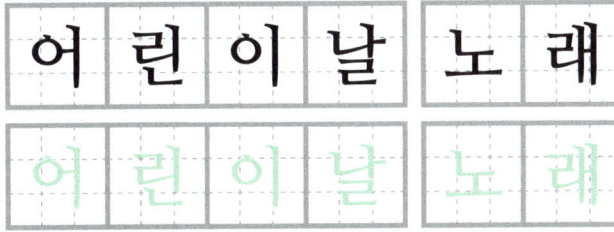

어린이날 노래 날아라 새들아 푸른 하늘을
달려라 냇물아 푸른 벌판을
5월은 푸르구나 우리들은 자란다.
오늘은 어린이날 우리들 세상

96. 97. 이수일과 심순애

시대 일제 강점기

시기 1913년(발표)

업적 소설 《장한몽》에 나오는 주인공들인데, 〈이수일과 심순애〉라는 연극으로도 상연됨

키워드 일제 강점기, 소설 장한몽, 연극

이수일 김중배의 다이아 반지가 그렇게도 탐이 나더냐?

98. 장군의 아들 김두한

시대 일제강점기 ~ 대한민국

출생~사망 1918~1972년

업적 김좌진 장군의 아들로 싸움을 잘해 이름을 떨쳤으며 국회의원으로도 활동함

키워드 종로, 주먹왕, 국회의원, 우미관

김두한 내가 종로의 김두한이다

99. 천재 시인 이상

시대 일제 강점기

출생~사망 1910~1937년

업적 시인이자 소설가로 많은 작품을 남겼지만, 결핵으로 일찍 세상을 떠남

키워드 일제 강점기, 문학가, 건축가

이상의 작품 오감도, 날개, 거울

이상의 작품 〈날개〉 "날개야 다시 돋아라, 날자 날자 날자 한 번만 날자꾸나."

100. 황소 그림 이중섭

시대 일제 강점기 ~ 대한민국

출생~사망 1916~1956년

업적 〈황소〉를 그린 우리나라의 대표 화가로, 전통적인 정서가 담긴 그림들을 남김

키워드 일제 강점기, 서양화가, 소의 화가

이중섭 작품 싸우는 소, 흰 소, 투계

이중섭 "커다란 눈을 들여다보고 있으면 그냥 행복해."

예쁘게 써보자!

한국을 빛낸 100명의 위인들 노래 가사 5절 전부 따라 쓰기

1절

아름다운 이 땅에 금수강산에
단군 할아버지가 터 잡으시고
홍익인간 뜻으로 나라 세우니
대대손손 훌륭한 인물도 많아
고구려 세운 동명왕 백제 온조왕
알에서 나온 혁거세
만주벌판 달려라 광개토대왕
신라 장군 이사부
백결 선생 떡방아 삼천궁녀 의자왕
황산벌의 계백 맞서 싸운 관창
역사는 흐른다

2절

말 목 자르 김유신 통일 문무왕
원효대사 해골 물 혜초 천축국
바다의 왕자 장보고 발해 대조영
귀주대첩 강감찬 서희 거란족
무단 정치 정중부 화포 최무선
죽림칠현 김부식 지눌국사 조계종
의천 천태종 대마도 정벌 이종무
일편단심 정몽주 목화씨는 문익점
해동공자 최충 삼국유사 일연
역사는 흐른다

3절

황금을 보기를 돌같이 하라
최영 장군의 말씀 받들자
황희 정승 맹사성 과학 장영실
신숙주와 한명회 역사는 안다
십만양병 이율곡 주리 이퇴계
신사임당 오죽헌 잘 싸운다 곽재우
조헌 김시민 나라 구한 이순신
태정태세문단세 사육신과 생육신
몸 바쳐서 논개 행주치마 권율
역사는 흐른다

4절

반짝반짝 홍길동 의적 임꺽정
대쪽같은 삼학사 어사 박문수
삼 년 공부 한석봉 단원 풍속도
방랑 시인 김삿갓 지도 김정호
영조 대왕 신문고 정조 규장각
목민심서 정약용 녹두 장군 전봉준
순교 김대건 서화가무 황진이
못살겠다 홍경래 삼일천하 김옥균
안중근은 애국 이완용은 매국
역사는 흐른다

5절

별 헤는 밤 윤동주 국부 지석영
삼삼삼인 손병희
만세 만세 유관순 도산 안창호
어린이날 방정환
이수일과 심순애 장군의 아들 김두한
날자꾸나 이상 황소 그림 중섭
역사는 흐른다

책 속 부록

역사 속 인물 알아맞히기 001

가로열쇠

1. 외적의 침입에 대비해 군사력을 키워야 한다는 십만양병설을 주장. 오천 원짜리 지폐 인물.
2. 율곡 이이의 어머니로 유명하며 조선의 대표적 여성 화가.
4. 목민심서. 조선 후기의 실학자로 거중기 발명.
6. 백제 장수. 황산벌 전투.

세로열쇠

1. 거북선. 백 원짜리 동전 인물.
3. 백성들이 힘든 시기에 나타난 의로운 의적.
5. 조선을 세운 첫 번째 왕 이름. '함흥차사'.

역사 속 인물 알아맞히기 002

가로열쇠

1. 조선 시대 7대 왕. 경국대전 편찬. 태정태세문단?
2. 삼국 시대. 고구려의 19대 왕으로 땅따먹기 대장.
4. 3·1 운동 때 순국한 대표적 여성 열사.
6. 조선 시대의 21대 왕으로 신하들의 편 가르기를 막는 탕평책을 실시함.

세로열쇠

1. 조선 시대에 한글을 만든 왕. 만 원짜리 지폐 인물.
3. 진주성을 침략한 일본군 장수를 끌어안고 남강에 투신한 의로운 여인.
5. 황산벌 전투에서 신라의 화랑으로 목숨을 바쳐 승리로 이끎.
7. 조선 시대의 22대 왕으로 규장각을 설치, 인재 육성에 힘씀.

역사 속 인물 복습하기 001

A. 인물과 알맞은 업적 및 키워드를 찾아 연결해 보아요.

- 박혁거세
- 계백 장군
- 대조영
- 강감찬
- 최무선
- 김부식
- 문익점

- 목화씨
- 삼국사기
- 커다란 알
- 화포
- 발해
- 귀주대첩
- 황산벌 전투

B. 인물과 알맞은 업적 및 키워드를 찾아 연결해 보아요.

- 일연
- 장영실
- 이율곡
- 곽재우와 조헌
- 김시민
- 이순신
- 권율

- 행주대첩
- 삼국유사
- 거북선
- 진주대첩
- 십만양병
- 의병
- 조선의 발명가

역사 속 인물 복습하기 002

A. 인물과 알맞은 업적 및 키워드를 찾아 연결해 보아요.

박문수 •　　　　　• 신문고
한석봉 •　　　　　• 규장각
김홍도 •　　　　　• 대동여지도
김삿갓 •　　　　　• 풍속화가
김정호 •　　　　　• 명필가
영조　 •　　　　　• 암행어사
정조　 •　　　　　• 방랑 시인

B. 인물과 알맞은 업적 및 키워드를 찾아 연결해 보아요.

정약용 •　　　　　• 어린이 날
전봉준 •　　　　　• 천연두
김대건 •　　　　　• 별 헤는 밤
윤동주 •　　　　　• 목민심서
지석영 •　　　　　• 동학 농민 운동
방정환 •　　　　　• 황소
이중섭 •　　　　　• 천주교

역사 속 인물 복습하기 003

A. 괄호 안에 알맞은 인물의 번호를 고르고 써 보아요.

> **보기**
> ① 이사부   ② 이순신   ③ 강감찬   ④ 이퇴계   ⑤ 광개토대왕
> ⑥ 권율   ⑦ 홍길동   ⑧ 혜초   ⑨ 논개   ⑩ 의자왕

1. 북쪽으로 만주와 요동 땅, 남쪽으로 한강 이북 땅까지 영토를 넓힘
(5) 광개토대왕

2. 나무로 만든 사자로 겁을 주어 우산국을 점령함
(   )

3. 나당 연합군을 막지 못해 멸망함
(   )

4. 인도를 여행하고 돌아와 《왕오천축국전》을 씀
(   )

5. 거란군이 쳐들어오자 귀주에서 크게 무찔러 승리함
(   )

6. 도산서원을 세워 제자들을 가르침
(   )

7. 진주성을 침략한 왜군 장수를 끌어안고 강물에 몸을 던짐
(   )

8. 임진왜란 때 투석전으로 행주산성을 굳게 지켜냄
(   )

9. 거북선을 만들고 일본 수군과 치른 모든 전투를 승리로 이끎
(   )

10. 《홍길동전》에 등장하는 신출귀몰한 도둑
(   )

역사 속 인물 복습하기 004

B. 괄호 안에 알맞은 인물의 번호를 고르고 써 보아요.

> **보기**
> ① 정약용　②김정호　③이중섭　④김홍도　⑤김대건
> ⑥유관순　⑦안중근　⑧지석영　⑨박문수　⑩김삿갓

1. 암행어사로 지방을 다니며 못된 관리들을 벌주고 백성을 도움
   (9) 박문수

2. 조선 시대의 화가로 활달하고 정감 있는 풍속화를 잘 그림
   (　)

3. 삿갓을 쓰고 세상을 방랑하던 시인
   (　)

4. 27년간 전국을 두 발로 다니며 《대동여지도》를 만듦
   (　)

5. 거중기를 발명하고 《목민심서》, 《경세유표》 등의 책을 씀
   (　)

6. 우리나라 최초의 천주교 신부
   (　)

7. 독립운동가로 하얼빈에서 이토 히로부미를 저격함
   (　)

8. 천연두를 예방할 수 있는 종두법을 시행
   (　)

9. 천안에서 3·1 운동을 이끌다 잡혀 열여덟 살에 감옥에서 목숨을 잃음
   (　)

10. <황소>를 그린 우리나라의 대표 화가
    (　)

역사 속 인물 복습하기 005

Q. 나는 누구일까요? 빈칸에 인물을 써 보아요

| 고 | 구 | 려 | 세 | 운 | | | |

| 백 | 제 | 세 | 운 | | | |

| 천 | 축 | 국 | 에 | 간 | | |

| 발 | 해 | 를 | 세 | 운 | | |

| 목 | 화 | 씨 | 는 | | | |

| 삼 | 국 | 유 | 사 | | | |

| 조 | 선 | 의 | 발 | 명 | 가 | | | |

| 진 | 주 | 대 | 첩 | | | |

| 행 | 주 | 대 | 첩 | | | |

| 대 | 동 | 여 | 지 | 도 | | | |

| 녹 | 두 | 장 | 군 | | | |

| 목 | 민 | 심 | 서 | | | |

정답

p102~103

A

	¹이	율	곡	
	순			
	²신	사	³임	당
⁵이			꺽	
성		⁴정	약	용
⁶계	백			

B

		¹세	조	
	³논	종		
²광	개	토	대	왕
		왕		
⁴유	⁵관	순		⁷정
	창		⁶영	조

p104

A
- 박혁거세 → 커다란 알
- 계백 장군 → 황산벌 전투
- 대조영 → 발해
- 강감찬 → 귀주대첩
- 최무선 → 화포
- 김부식 → 삼국사기
- 문익점 → 목화씨

B
- 일연 → 삼국유사
- 장영실 → 조선의 발명가
- 이율곡 → 십만양병
- 곽재우와 조헌 → 의병
- 김시민 → 진주대첩
- 이순신 → 거북선
- 권율 → 행주대첩

p105

A
- 박문수 → 암행어사
- 한석봉 → 명필가
- 김홍도 → 풍속화가
- 김삿갓 → 방랑 시인
- 김정호 → 대동여지도
- 영조 → 신문고
- 정조 → 규장각

B
- 정약용 → 목민심서
- 전봉준 → 동학 농민 운동
- 김대건 → 천주교
- 윤동주 → 별 헤는 밤
- 지석영 → 천연두
- 방정환 → 어린이 날
- 이중섭 → 황소

p106~107

A
1 - ⑤ 광개토대왕
2 - ① 이사부
3 - ⑩ 의자왕
4 - ⑧ 혜초
5 - ③ 강감찬
6 - ④ 이퇴계
7 - ⑨ 논개
8 - ⑥ 권율
9 - ② 이순신
10 - ⑦ 홍길동

B
1 - ⑨ 박문수
2 - ④ 김홍도
3 - ⑩ 김삿갓
4 - ② 김정호
5 - ① 정약용
6 - ⑤ 김대건
7 - ⑦ 안중근
8 - ⑧ 지석영
9 - ⑥ 유관순
10 - ③ 이중섭

p108

고구려 세운 동명왕
백제 세운 온조왕
천축국에 간 혜초
발해를 세운 대조영
목화씨는 문익점
삼국유사 일연

조선의 발명가 장영실
진주대첩 김시민
행주대첩 권율
대동여지도 김정호
녹두 장군 전봉준
목민심서 정약용